CUENTA CON DRACULA

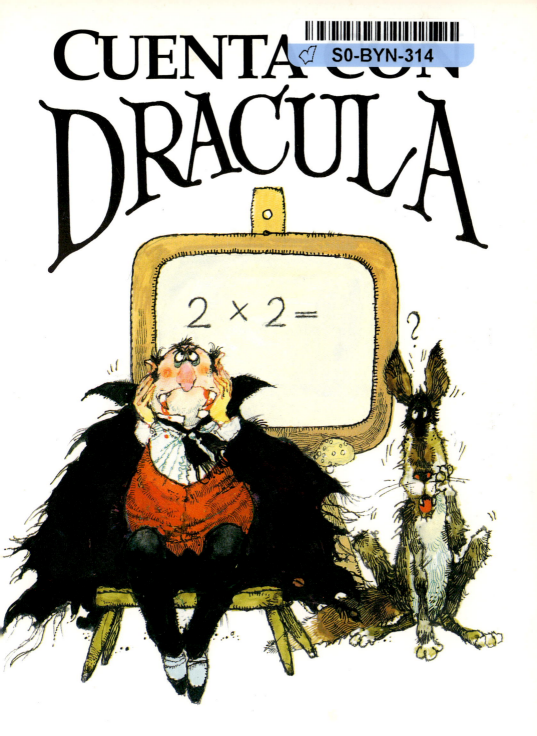

Victor G. Ambrus

EDITORIAL ATLANTIDA
BUENOS AIRES

Drácula intenta contar cuántas mascotas tiene,
pero no sabe hacerlo. ¿Puedes ayudarlo?

1 castillo

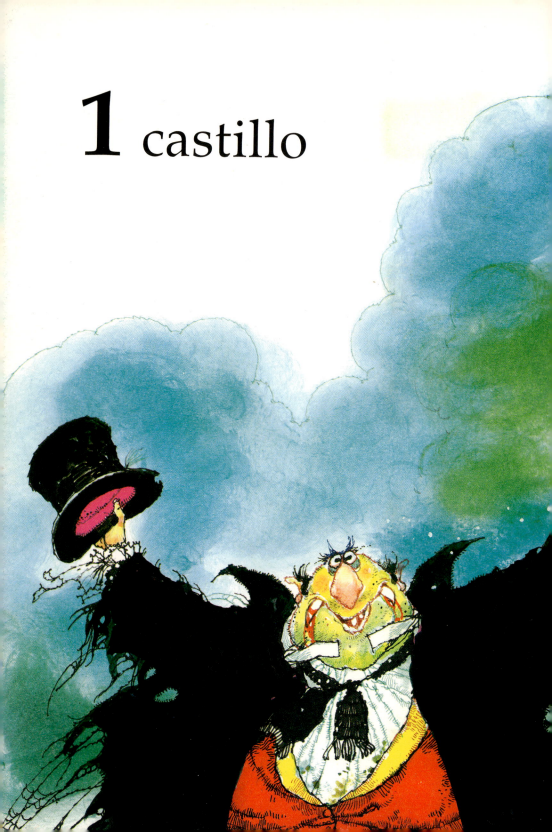

2 esqueletos

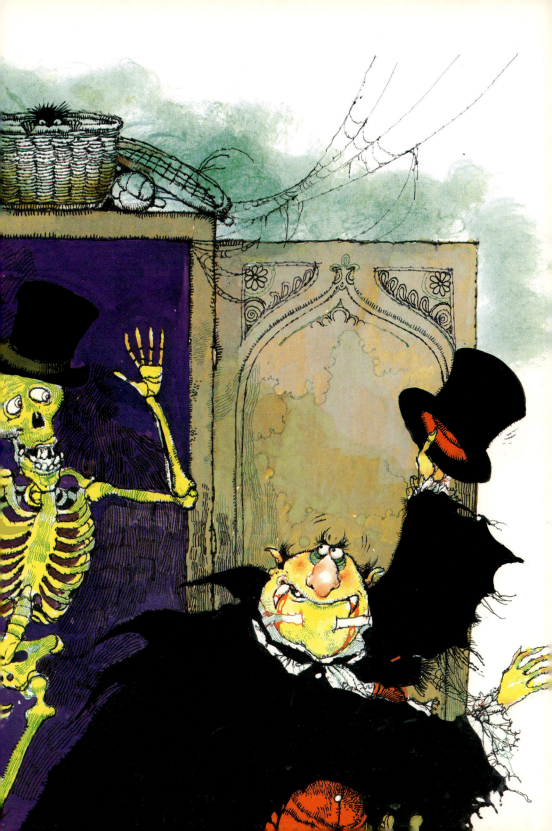

3 amigos

4 sapos

5 lobos

6 arañas

7 murciélagos

8 lechuzas

9 ratas

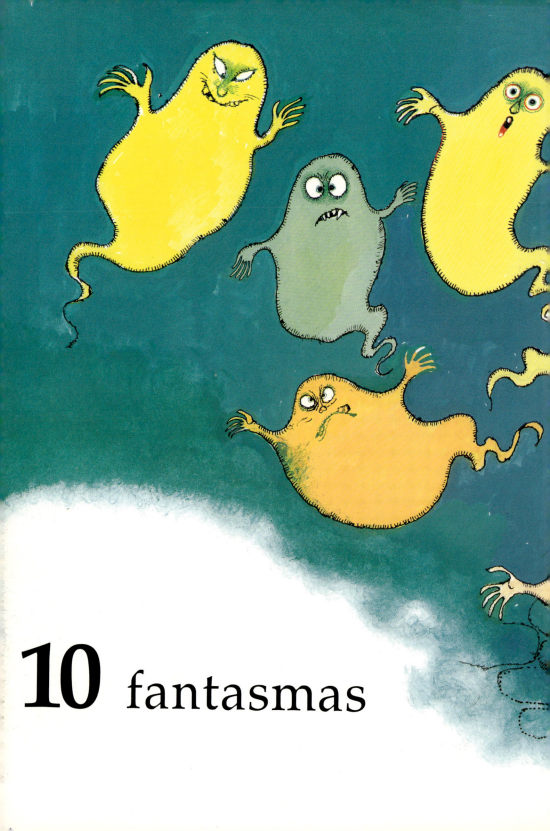

10 fantasmas

Ahora Drácula ya sabe cuántos tiene,
y todos viven juntos en su castillo.

Derechos reservados. Primera edición publicada por
EDITORIAL ATLANTIDA S.A., Azopardo 579, Buenos Aires, Argentina.
Hecho el depósito que marca la ley 11.723
Impreso en Brasil. Printed in Brazil.
Esta edición se terminó de imprimir en el mes de agosto de 1994
en los talleres gráficos de la Companhia Melhoramentos de São Paulo
Indústrias de Papel, Rua Tito 479, São Paulo, Brasil.

ISBN 950-08-1286-X